CHAMBRE DE COMMERCE
DE MARSEILLE

MODIFICATIONS A APPORTER

AU

RÉGIME DE L'ADMISSION TEMPORAIRE

RAPPORT

présenté par la Commission de Législation

de la Chambre de Commerce

et adopté par cette Compagnie dans sa séance du 23 Avril 1929

MARSEILLE

SOCIÉTÉ ANONYME DU SÉMAPHORE DE MARSEILLE

(ANCIENNE MAISON BARLATIER)

17-19, Rue Venture

1929

CHAMBRE DE COMMERCE
DE MARSEILLE

MODIFICATIONS A APPORTER

AU

RÉGIME DE L'ADMISSION TEMPORAIRE

RAPPORT

présenté par la Commission de Législation

de la Chambre de Commerce

et adopté par cette Compagnie dans sa séance du 23 Avril 1929

MARSEILLE
SOCIÉTÉ ANONYME DU SÉMAPHORE DE MARSEILLE
(ANCIENNE MAISON BARLATIER)
17-19, Rue Venture

1929

CHAMBRE DE COMMERCE DE MARSEILLE

EXTRAIT DU REGISTRE DES DÉLIBÉRATIONS

Séance du 23 Avril 1929

Tenue sous la présidence de M. EDGARD DAVID

ET A LAQUELLE ONT ASSISTÉ :

MM. Edgard David, Président ; Georges Brenier et Maurice Hubert, Vice-Présidents ; Philippe Rieu, Membre-Secrétaire ; Antoine Boude, Membre-Trésorier ; Victor Lombard, Emile Franceschi, Georges Oppermann, Alphonse Combarnous, Félix Prax, Marius Rambaud, Maurice Toy-Riont, Bernard Lafont, Félix de Chomel, Charles Lavire, Jean-Baptiste Rocca, Paul Duclos, soit 17 membres sur 23 en exercice dont se compose la Chambre.

M. Albert Pommé, Membre-Correspondant.

. . . .

M. Maurice Hubert, Président de la Commission de Législation, donne lecture, au nom de cette Commission, du rapport suivant sur les Modifications suggérées par les groupements de la place au sujet du Régime de l'Admission Temporaire :

MESSIEURS,

Le Ministre du Commerce a constitué, par arrêté du 10 décembre 1928, une Commission d'études du régime de l'admission temporaire, chargée d'élaborer un projet de loi destiné à se substituer à la proposition de loi due à l'initiative de M. le Député Sibille, adoptée par la Chambre des Députés le 25 décembre 1919 et avec un certain nombre de modifications, par le Sénat le 8 juin 1926.

Au cours des discussions, il a été reconnu préférable de substituer au projet soumis à la Chambre des Députés, qui, sur un certain nombre de points, ne cadrait pas avec les pratiques administratives existantes, un texte modifiant divers articles du titre III (chapitre V) du décret du *28 décembre 1926* portant codification des textes législatifs concernant les douanes et d'y incorporer un certain nombre de règles actuellement suivies par l'Administration.

Les principes, qui se trouveront sanctionnés dans les propositions de la Commission, sont les suivants :

Le régime spécial d'admission temporaire des sucres et des blés est maintenu sans changement.

L'admission temporaire de produits passibles de droits de douane ne peut, comme par le passé, être accordée qu'après avis du Comité Consultatif des Arts et Manufactures et en vertu d'une loi. Bien que le texte ne le spécifie pas, il a été entendu, d'accord avec les représentants de l'Administration, que les groupements professionnels intéressés devraient toujours être consultés avant que le Comité Consultatif soit appelé à donner son avis. Des décrets rendus après avis du Comité fixeront les conditions d'application de l'admission temporaire pour chaque nature de produits. L'admission temporaire n'est accordée en principe qu'à charge de réexportation à l'identique, mais la loi ou le décret d'application pourra autoriser la réexportation de produits équivalents. Le délai de réexportation est fixé en règle générale à six mois, mais la loi ou le décret peuvent établir de plus longs délais ; en outre, en cas de nécessité dûment justifiée, des prorogations pourront être consenties par l'Administration des douanes.

Par dérogation aux dispositions générales, il a été admis que le Gouvernement pourra continuer, dans certains cas, à donner des autorisations d'admission temporaire sans avoir à demander l'autorisation du Parlement. Les exceptions prévues sont au nombre de trois : l'introduction d'objets pour réparations, essais et expériences ; l'introduction de sacs, récipients et autres emballages à remplir, enfin les importations autorisées à titre individuel et présentant un caractère exceptionnel.

Alors que pour les deux premières exceptions, les dispositions de la loi du 11 janvier 1892 (art. 13) sont maintenues, pour la troisième exception, une rédaction quelque peu différente a été adoptée. La loi de 1892 visait, en effet, « les demandes présentant un caractère individuel et exceptionnel, *non susceptible d'être généralisé* ». Or, il résultait de la pratique administrative qu'en vertu de ce texte, le Gouvernement avait été amené à accorder à toutes les entreprises d'une même industrie des autorisations d'admission temporaire lorsque certains faits économiques nouveaux s'étaient produits. Il était permis de se demander si les mots « non susceptible d'être généralisé » autorisaient de semblables décisions. La Commission, qui a entendu consacrer la jurisprudence jusqu'à présent suivie, a été d'avis de les supprimer.

Bien que les sanctions en cas de non réexportation dans les délais prescrits, qui consistent en une amende égale au quadruple des droits dont le produit est passible, aient paru à certains assez lourdes, cette disposition a été maintenue afin d'éviter des importations spéculatives en suspension des droits. Il s'agit d'ailleurs d'une amende fiscale et l'Administration des douanes peut, par voie de transaction, en réduire considérablement le montant.

Enfin un article spécial vise l'admission temporaire spéciale dont bénéficient actuellement environ 120 catégories de produits et qui, depuis le décret du 8 juillet 1919, autorise l'introduction de produits étrangers sous paiement de simples droits de douane sans coefficient. Ce régime avait été adopté pour permettre à des industries transformatrices de se procurer les marchandises dont elles avaient besoin et que la production française, au lendemain de la guerre, était incapable de leur fournir.

Il a semblé que les circonstances économiques ne justifiaient plus le maintien d'un tel régime et que la loi devait en prévoir la suppression. Celle-ci deviendra définitive un an après la promulgation du nouveau texte. Pendant ce laps de temps, l'Administration étudiera si certaines catégories de produits, jouissant actuellement de l'admission temporaire spéciale, ne devront pas être admises au régime de l'admission temporaire normale en exemption complète des droits de douane.

En résumé, le projet de loi, sorti des délibérations de la Commission, a surtout pour but de donner une sanction légale à un certain nombre de pratiques administratives qui, depuis les lois des 5 juillet 1836 et 11 janvier 1892, avaient organisé, conformément aux règles générales posées par ces textes et aux lois spéciales d'autorisation, le régime de l'admission temporaire. Il maintient le principe de l'autorisation législative, car il a paru difficile de laisser au Gouvernement, même sous réserve d'approbation ultérieure du Parlement, la responsabilité de décisions pouvant avoir des répercussions assez graves sur la prospérité de certaines industries nationales.

L'intervention obligatoire du Comité Consultatif des Arts et Manufactures, dont l'impartialité est connue, la consultation, en cours d'instruction, des groupements professionnels intéressés, qui a été reconnue nécessaire par l'Administration, paraissent assurer que les Pouvoirs publics ne se prononceront qu'après avoir été pleinement éclairés.

Il a paru important à notre Chambre que le commerce et l'industrie fassent parvenir à la Commission instituée par M. le Ministre du Commerce leurs desiderata sur la question, et c'est pourquoi elle a procédé à une enquête auprès de ces ressortissants. Une circulaire fut adressée en conséquence le 8 février, confirmée le 14 mars dernier, à un grand nombre de Syndicats, leur demandant de nous faire part des points sur lesquels leurs adhérents souhaiteraient voir étendre ou améliorer, dans l'intérêt de l'industrie, le régime actuel de l'admission temporaire.

D'importantes observations sont contenues dans les réponses que nous avons reçues et dont nous allons donner l'analyse :

Tout d'abord le régime actuel de l'admission temporaire donne satisfaction :

1° *Pour les cacaos.* — Au Syndicat des Négociants en Cafés, Poivres, Cacacos et Thés ;

2° *Pour les sucres.* — A la Société Nouvelle des Raffineries de la Méditerranée ;

3° *En ce qui concerne le froment.* — A la Fédération des Industries de la Minoterie et de la Semoulerie.

En outre, ce groupement nous a fait savoir, par lettre du 15 avril, qu'il protestait contre un vœu de l'Assemblée des Présidents des Chambres d'Agriculture qui, dans sa dernière réunion. a déclaré que le fonctionnement actuel de l'admission temporaire était une cause de dépréciation du blé à l'intérieur du pays. La véritable raison de la baisse du blé indigène, affirme la Fédération des Industries de la Minoterie et de la Semoulerie, est la surabondance de la récolte mondiale de blé en 1928 qui a fait baisser le prix de ce produit dans tous les pays du monde. Si le fonctionnement actuel de l'admission temporaire présentait tous les avantages que les Présidents des Chambres d'Agriculture estiment devoir lui attribuer, nos exportations devraient se développer, tandis qu'elles sont en constante régression. Les taxes exagérées dont est frappée notre production mettent l'industrie de la minoterie hors d'état de lutter à l'étranger contre la concurrence mondiale.

Nos exportations, qui étaient de 3.500.000 quintaux en 1923, sont descendues à 650.000 quintaux en 1927, pour s'élever momentanément à 1.460.000 quintaux en 1928. Nos besoins en froment étant évalués à 90 millions de quintaux annuellement, il est permis de se demander quelle influence déprimante peut bien avoir sur le prix du blé indigène les 500.000 quintaux de blé tendre apurés en 1927 et le million de quintaux apurés en 1928, au titre de l'admission temporaire. Il ne faut pas oublier, en effet, que sur les quantités ci-dessus exportées se trouvent comprises les semoules et farines de blés durs, qu'à défaut de renseignements statistiques (que la Douane ne nous fournit pas), nous évaluons au moins à la moitié de nos exportations totales.

En résumé, nos importations au titre de l'admission temporaire représentent un peu plus de 1/2 % en 1927 et de 1 % en 1928, par rapport à la totalité de nos besoins. Il suffit d'établir ce pourcentage insignifiant pour qu'on renonce à poursuivre la réalisation de ce vœu. Ses auteurs ont certainement oublié en le présentant que les sorties de farines se font à l'équivalent et que c'est surtout la farine provenant de blés indigènes qui va à l'étranger. Si cette exportation ne se faisait pas, les exigences de la panification nous obligeraient à importer les mêmes quantités de blés exotiques, ce qui pourrait justifier, dans une faible mesure, la dépréciation dont on se plaint.

Le vœu s'élève aussi contre l'apurement des acquits par des farines bises. Outre que la sortie de 100 kilos de farines bises à 90 % ne nécessite que l'apurement de 100 k. 700 de blé, on ne saurait nier que si ces farines restaient en France elles ne pourraient servir à l'engrais du bétail et devraient se vendre environ 45 francs meilleur marché qu'à l'étranger. Voici quel est le résultat : d'abord, la concurrence de ces basses farines se ferait sentir immédiatement sur le prix des produits fourragers agricoles qui baisseraient parallèlement ; ensuite, la baisse de ces farines ayant sa répercussion sur le prix de la farine panifiable, la hausse de celle-ci ferait monter le prix du pain. Le consommateur et le producteur, on le voit, feraient les frais de la modification projetée.

Agriculteurs et minotiers sont entièrement d'accord pour demander le fonctionnement en France du bon d'importation, qui permettrait de sortir blés et farines préalablement à toute importation. Mais nos exportations étant déjà réduites à des chiffres dérisoires, si on apporte au fonctionnement actuel de nouvelles restrictions destinées à l'entraver, il ne servirait à rien d'instituer le bon. N'oublions pas les issues et sous-produits laissés à l'agriculture par l'exportation des farines.

La Fédération des Industries de la Minoterie et de la Semoulerie a la conviction qu'en présentant ce vœu à la dernière réunion des Présidents des Chambres d'Agriculture on n'en a pas prévu toutes les incidences et nous croyons avoir démontré que s'il était jamais pris en considération par le Gouvernement, il irait à l'encontre, non seulement de l'intérêt de la minoterie qui, exportant très peu déjà, n'exporterait plus rien, du pays qui a besoin d'augmenter ses exportations et aussi à l'encontre de l'intérêt de l'agriculture.

Il suffira, d'autre part, pour que le prix du blé monte en rien de temps de 100 à 150 cents par quintal, que la récolte s'annonce déficitaire dans une des trois grandes nations productrices de blé : Etats-Unis, Canada ou République Argentine. L'action des pools d'un côté, et de l'autre, la spéculation effrénée qui se ferait aux Etats-Unis auraient tôt fait de retourner la situation actuelle.

Telles sont les raisons pour lesquelles la Fédération des Industries de la Minoterie et de la Semoulerie proteste contre tout changement du régime actuel.

La question n'intéresse pas les membres de notre groupement, nous déclare la Chambre Syndicale des Métaux et Produits métallurgiques, par sa lettre du 27 mars.

Le Syndicat de la Raffinerie de Soufre formulé un avis analogue, « le soufre brut rentrant en franchise et bénéficiant pour l'exportation des produits fabriqués du régime de la soumission cautionnée dont le fonctionnement lui donne satisfaction ».

Le régime de l'admission temporaire ne présente pas grande importance pour le Syndicat Général des Industries Chimiques, qui indique, au surplus, ne pas avoir de desiderata spéciaux à présenter.

Le Syndicat Méridional des Négociants Importateurs de Bois en Gros ne croit guère possible d'obtenir pour l'importation de leurs marchandises le régime de l'admission temporaire en égard à l'intérêt très grand porté par l'Etat à la sylviculture et bien que la production nationale des bois soit déficitaire.

Par contre, un grand nombre de Syndicats ont attiré l'attention de notre Chambre sur l'insuffisance du régime actuel de l'admission temporaire et ont suggéré des modifications portant soit sur les produits admis à bénéficier de ce régime, soit sur les emballages, soit enfin sur les formalités établies par l'Administration des douanes pour le fonctionnement dudit régime.

1° *Extension du régime de l'admission temporaire.* — Le Syndicat de la Droguerie en gros et des Commerces et Industries annexes serait désireux de voir accorder ce régime aux graines de lin, de moutarde, de fenouil, d'anis, de fenugrec, ainsi qu'aux tapiocas des colonies françaises, aux fécules de pommes de terre. Cela permettrait aux intéressés soit de transformer quelques-uns de ces produits en farine, en poudre ou en granulés, soit de les mettre en petits paquets (thés, fécules, tapiocas) pour la réexportation. Ce groupement fait observer que ces opérations ne peuvent se faire commodément que dans les locaux des industriels et ne peuvent être intéressants que tout autant que les marchandises n'ont pas à payer de droits en cas de réexportation. Il serait souhaitable, déclare, en outre, le Syndicat de la Droguerie, d'étendre l'admission temporaire aux épices telles que les cannelles, les girofles, les piments si on pouvait trouver facilement les modalités de compensation pour les sorties à l'équivalent. Mais les résistances que ne manquera d'opposer sur ce point l'Administration des douanes font penser à ce groupement que seule la zone franche constituerait la solution idéale.

La Société Dorier, par lettre du 25 mars 1919, attire notre attention sur la convenance qu'il y aurait à comprendre les produits suivants susceptibles d'être distillés en France et réexportés sous forme d'huiles essentielles : clous de girofle, cannelle de Ceylan, noix muscade, cardamomes, piments, poivre, feuilles de patchouli.

La Chambre Syndicale de la Stéarinerie et de la Savonnerie nous fait savoir qu'elle a protesté auprès de M. le Ministre
du Commerce contre l'absence d'un représentant de l'industrie
des corps gras dans la Commission instituée pour l'examen du
projet de loi sur l'admission temporaire, et qu'elle a demandé
l'extension de ce régime — à titre provisoire, en attendant le
vote de la loi — pour les produits suivants :

Huiles fixes pures de lin, de sésame, de soja, de tournesol :
N° 110 du Tarif des Douanes ;

Huiles et graisses de poissons : N° 51 du Tarif des Douanes.

Elle a fait valoir, à l'appui de sa demande, que l'admission
de ces produits permettrait aux stéarineries de les employer pour
la fabrication de l'oléine destinée à l'exportation et de maintenir
leur situation vis-à-vis des concurrents étrangers sur les marchés
extérieurs. A la suite de pourparlers avec l'Administration des
Douanes, celle-ci a donné un avis favorable à l'admission temporaire de ces huiles, à la condition qu'elles aient un degré d'aci-
dité d'au moins 2 %. Quant à la décharge des acquits, elle pourrait être faite de la manière suivante :

Pour 100 kilos d'huile importée, on sortirait : 65 kilos d'acide
oléique, 15 kilos de stéarine, 5 kilos de glycérine. La différence,
soit 15 kilos, représentant environ le déchet de fabrication.

Les propositions des stéariniers, ainsi formulées et acceptées
par l'Administration, lèveraient toutes les objections présentées
par l'industrie de l'huilerie.

Enfin, la Chambre Syndicale de la Stéarinerie et de la Savonnerie a également demandé l'application du régime de l'admission temporaire aux beurres de karité qui actuellement ne peuvent être utilisés pour la réexportation, en raison des droits qui
les frappent.

Répondant à la circulaire adressée par la Chambre, le Syndicat des Fabricants de Savons envoie copie de la correspondance
qu'il a échangée au sujet de l'admission temporaire, avec
l'Administration des Douanes de Marseille. Il résulte de cette

correspondance que le Syndicat des Fabricants de Savons est intervenu auprès du Ministre du Commerce en vue d'obtenir le bénéfice de l'admission temporaire ou de la soumission cautionnée :

1° Pour les huiles fixes pures soumises aux droits prévus par l'article 110 du Tarif des Douanes, ainsi que leurs dérivés, les huiles acides ou acides gras et les pâtes de neutralisation qui sont les sous-produits du raffinage desdites huiles ;

2° Pour les suifs, les graisses animales et les saindoux compris dans l'article 30 du Tarif des Douanes, ainsi que leurs dérivés, les acides gras de suif ou de graisses ou de saindoux ainsi que les pâtes de saindoux (pâte de neutralisation) ;

3° Pour l'acide oléique d'origine animale autre que de graisses de poisson désignées par l'article 217 ;

4° Pour les graisses de poisson désignées par l'article 31 du Tarif des Douanes.

Pour les marchandises ci-dessus, soumises à des droits de douane, les fabricants de savons demandent le régime de l'admission temporaire. Pour les autres, qui ne paient à leur entrée en France qu'une taxe de 2 % à l'importation (ce sont celles désignées par l'article 30 du Tarif ainsi que certaines huiles en provenance de l'Algérie ou des colonies), ils réclament le régime de la soumission cautionnée.

2° *Emballages.* — La Chambre Syndicale des Huiles et Graisses industrielles estime avantageux que l'admission temporaire accordée aujourd'hui pour les emballages de leurs clients étrangers (fûts ou bidons) soit prorogée pour l'avenir.

La Société des Raffineries de Sucre de Saint-Louis trouve que si ce régime douanier est établi d'une façon satisfaisante en ce qui concerne le sucre, il n'en est pas de même en ce qui touche les produits destinés à fournir les emballages nécessaires pour son exportation. Alors que, pour le sucre, la réexportation à l'équivalent est admise, elle a lieu pour les sacs à l'identique,

Cette Société convient que les prescriptions douanières évitent des abus, toutefois, elle demande que le délai de réexportation soit, pour les sacs importés vides et sortis pleins, porté de un mois — ce qui est trop court — à 6 mois, ce qui serait normal. En outre, il lui paraît nécessaire d'autoriser la mise en admission temporaire des sacs placés provisoirement en entrepôt réel à leur arrivée en France. Enfin, le même régime devrait être également appliqué aux bois de caisses d'emballage. L'ensemble de ces mesures, déclare la Société des Raffineries de Saint-Louis, compléterait de façon très heureuse le régime actuel de l'admission temporaire et donnerait à nos exportations, en concurrence avec les raffineries étrangères, un développement dont bénéficierait certainement l'économie nationale.

Le Syndicat du Commerce des Sucres présente, sur le même objet, des suggestions analogues.

La question des emballages amène le Syndicat des Fabricants d'huile à présenter les trois suggestions ci-après :

A) *Sacs.* — Sous le régime actuel, les sacs importés pleins de l'étranger et mis à l'entrepôt fictif, ne sont admis en apurement que s'ils ressortent vides. Il serait important, pour l'industrie de l'huilerie, que l'apurement soit également admis lorsque les sacs sortent pleins. La valeur de l'emballage s'en trouverait augmentée sans que la surveillance de l'origine des sacs sortant pleins soit plus difficile que celle des sacs sortant vides.

De façon plus générale ce Syndicat demande que les sacs, ou bien soient admis à l'entrepôt fictif indépendamment de la marchandise qu'ils contiennent, ou bien que les graines oléagineuses admises à la soumission cautionnée, soient assimilées, en ce qui concerne la sortie des sacs, aux marchandises mises à l'admission temporaire ;

B) *Barils et fûts.* — Pour ces emballages, le Syndicat des Fabricants d'Huile présente les mêmes observations et demande qu'ils puissent sortir en franchise de droits, après leur entrée en

France, sans qu'il soit nécessaire de les réexporter vides, s'ils sont entrés pleins ;

c) *Fers blancs.* — Le fer blanc destiné à la fabrication d'emballages métalliques pour l'exportation bénéficie actuellement de l'admission temporaire spéciale, laissant à la charge du fer blanc 30 francs de droit par 100 kilos. Les industriels intéressés estiment que, par analogie avec d'innombrables cas du même ordre, l'admission temporaire devrait être totale. Ils font remarquer que l'huilerie a de plus en plus de la difficulté à conserver ses marchés d'exportation et, à leur sens, il serait superflu de refaire la démonstration que lorsqu'on veut travailler pour l'exportation « il faut se rapprocher autant que possible du prix de revient de ses concurrents étrangers, sans pouvoir espérer y incorporer des impôts ou des protections qui, défendables pour la consommation nationale, ne peuvent être maintenues dans la concurrence internationale ».

3° *Formalités douanières.* — Le Syndicat de l'Industrie du Cassage et Décorticage des Légumes secs demande que pour l'admission temporaire normale régissant le cassage des pois secs, le délai de 2 mois fixé soit pour la réexportation, soit pour la réintégration au fictif, soit porté à 6 mois. On supprimerait ainsi, dit-il, une paperasserie inutile, car on éviterait la plupart du temps de faire réintégrer les produits au fictif. Le délai de six mois serait suffisant pour la réexportation de ces marchandises et ce ne serait que dans des cas tout à fait exceptionnels que la réintégration au fictif aurait lieu.

Ce groupement demande, en outre, que le régime des pois secs soit appliqué avec le même rendement au cassage et au décorticage des lentilles, des fèves et des fèverolles.

Cette extension, indique le Syndicat intéressé, est absolument indispensable à notre commerce et à notre industrie pour pouvoir développer normalement les affaires d'exportation qui tendent à devenir de plus en plus importantes et pour leur permettre de lutter avec les maisons concurrentes - établies en Angleterre, Hollande et Belgique.

Le projet élaboré par la Commission Interministérielle donne satisfaction à nos adhérents, nous fait savoir le Syndicat des Fabricants de Pâtes alimentaires des Bouches-du-Rhône, en maintenant sans changement le régime spécial d'admission temporaire des blés. Cependant il estime qu'on faciliterait les affaires d'exportation de cette industrie en accordant un délai supplémentaire de réexportation d'un ou deux mois facultativement, au fabricant qui en ferait la demande à l'Administration des Douanes. Ce groupement signale, en terminant, l'intérêt qu'il y aurait à faire participer des représentants régionaux à ladite Commission Interministérielle.

Tel est le résumé analytique des réponses adressées à notre Chambre par les groupements de notre place. Les considérations qui y sont exposées ne peuvent manquer d'être retenues, ainsi que les modifications réclamées par les intéressés. Les multiples observations que nous avons ainsi pu receuillir nous montrent l'intérêt qu'attachent notre commerce et notre industrie au régime douanier de l'admission temporaire.

En l'état, le régime actuel de l'admission temporaire donne satisfaction pour les cacaos, les sucres, les soufres et les blés, et il y a lieu de demander le maintien de ce régime pour ces produits en insistant particulièrement sur ce fait que la baisse du prix du blé indigène n'est pas due au régime de l'admission temporaire, mais simplement à la production mondiale du blé en 1928.

En second lieu, il faudrait étendre ce régime :

A) Aux graines de lin, de moutarde, de fenouil, d'anis, de fénugrec, tapioca des colonies françaises, fécule de pommes de terre, cannelle, girofle, piment, cardamomes, noix muscades, poivre, feuilles de patchouli (demande du Syndicat du Commerce de la Droguerie) ;

B) Aux huiles fixes pures de lin, de sésame, de soja, de tournesol (n° 110 du Tarif des Douanes) ; aux huiles et graisses de poisson (n° 51 du Tarif des Douanes) ; aux beurres de karité (demande de la Chambre Syndicale de Stéarinerie) ;

c) Acide gras et pâte de neutralisation, acide oléique d'origine animale, graisses de poisson (demande du Syndicat des Fabricants de Savons).

En troisième lieu, l'admission temporaire devrait être étendue :

A) Aux fûts et bidons utilisés par le commerce des huiles et graisses industrielles ;

B) Aux sacs et au bois de caisses d'emballage destinés à fournir les emballages nécessaires pour la réexpédition du sucre ;

c) Aux sacs, barils et fûts en fer blanc utilisés par les fabricants d'huiles pour leur réexportation, et, de façon plus générale, que les sacs soient, ou bien admis à l'entrepôt fictif indépendamment de la marchandise qu'ils contiennent, ou bien que les graines oléagineuses admises à la soumission soient assimilées, en ce qui concerne la sortie des sacs, aux marchandises mises à l'admission temporaire ;

Enfin, en dernier lieu, en ce qui concerne les formalités douanières, il serait nécessaire que pour le régime du cassage des pois secs le délai de deux mois fixé, soit pour la réexportation, soit pour la réintégration au fictif, soit porté à six mois, et que ce régime soit également appliqué au cassage et au décorticage des lentilles, fèves et fèverolles. De même, il faudrait faciliter aux fabricants de pâtes alimentaires leurs affaires d'exportation en leur accordant un délai supplémentaire de réexportation d'un ou de deux mois.

M. le Président Edgard DAVID félicite M. le Vice-Président Maurice Hubert et les membres de la Commission de cette excellente étude.

M. le Vice-Président Maurice Hubert indique qu'une grande partie de ces éloges vont à l'adresse de M. François Ruggeri, Secrétaire de la Commission, qui, sur les indications dle la Commission, a rédigé le rapport. Les compliments de la Chambre lui seront transmis.

M. le Président demande à ses collègues s'ils ont quelques observations supplémentaires à faire valoir.

M. J.-B. Rocca fait remarquer que, par suite d'accords intervenus entre les Syndicats de l'Huilerie, de la Savonnerie et de la Stéarinerie, ces modifications à l'admission temporaire de diverses matières grasses devront être concomitantes avec la révision douanière complète dont les textes en vigueur ne constituent qu'une faible portion.

Par contre, M. Maurice Toy-Riont indique que les industries de la margarine, des graisses alimentaires et du raffinage de saindoux demandent que les matières premières de ces industries (*suifs, produits hydrogénés, oléos, saindoux bruts, huiles fixes pures*) bénéficient de l'admission temporaire pour leur permettre de lutter avec la concurrence étrangère sur les marchés d'exportation. Ces industries étant, en effet, restées en dehors de l'accord intervenu entre l'Huilerie et la Savonnerie, demandent que la mesure réclamée ne soit pas subordonnée au retard résultant du délai envisagé en ce qui concerne les demandes de la Savonnerie.

M. Combarnous demande que dans le cas de vente d'une marchandise placée sous le régime de l'admission temporaire le vendeur ait la faculté de transmettre le bénéfice et les obligations de l'admission temporaire à son acheteur, comme cela se pratique pour les marchandises placées sous le régime de l'entrepôt fictif. Cette modification rendrait de grands services au commerce en n'imposant pas au vendeur la responsabilité vis-à-vis de la Douane d'une marchandise dont il n'est plus propriétaire.

Il sera tenu compte, dans la note, de ces observations.

A la suite de cet échange de vues les conclusions du rapport sont adoptées par la Chambre et converties en délibération, qui sera transmise aux Pouvoirs publics.

Extrait certifié conforme :

Le Rapporteur,
Maurice HUBERT.

Le Président,
Edgard DAVID.

Société Anonyme du Sémaphore de Marseille

www.ingramcontent.com/pod-product-compliance
Lightning Source LLC
LaVergne TN
LVHW011044050726
842519LV00004B/1499